Erimar dos Santos

Poemas e Contos do Nada

Erimar dos Santos

Poemas e Contos do Nada

Poemas e Contos

JustFiction Edition

Imprint

Cover image: www.ingimage.com

Publisher:
JustFiction! Edition
is a trademark of
International Book Market Service Ltd., member of OmniScriptum Publishing Group
17 Meldrum Street, Beau Bassin 71504, Mauritius

Printed at: see last page
ISBN: 978-613-7-39728-2

UM AMOR DE VERDADE

Eu somente quero um amor de verdade que faça-me feliz de verdade, para o resto da vida na intimidade, respeito e fidelidade, honradez na maior capacidade.

Nos olhos a luz que ilumine o meu ser, nas mãos a força para me suster, nos lábios o sorriso de uma mulher que me acolha por querer.

Exacerbado coração de blandícias que aplaque em dias de torpes negruras as adagas que minam carícias.

Adjutora, meiga, dócil e compassiva, clarividente, meu ente, minha comitiva. Aonde quer que eu vá, lá esteja ela, altiva, firme e a mais bela, senhora do meu coração com sabedoria singela.

Nos portos e aportos em seus braços, cativos beijos selam nossos laços com fraternos abraços. O que posso eu te dar por tanto bem que me fará? Dar-te-ei a minha vida, vida minha será.

INCÓGNITA

Olho pra você e não consigo entender quem sou eu, onde estou, pra onde vou, o que aconteceu, o por quê. Pessoa intrigante, desafiante não obstante difícil de ler, palavras cruzadas, emaranhadas nas bocas caladas nada a dizer.

Nada provado, quase tudo ocultado com receio apegado, de olhos bem fechados ainda consigo ver, sentir com o coração na palma da mão os caminhos em vão, vazios a percorrer.

Neles não há delícias feito as primícias nos dias das primeiras carícias, são acinzentados e desfigurados, sepulcros caiados cheios de malícias.

Estão todos doentes sem médicos e medicamentos, morrerão na mediocridade e nos desalentos, na negrura do medo talvez tarde ou bem cedo em tudo haja sentido para tanto segredo.

Mesmo com o coração esmiuçado, sangrando e chorando, assim sigo andando num dilema sem fim, porque a razão fala mais alto que a emoção dentro de mim.

Leva-me então à esperança de sobreviver como num dia de matança quando os covardes submetem seus criados ao mais duro castigo para depois atravessá-los com uma lança.

Cresce a ânsia de ter tudo revelado não sabendo se o preço é alto ou apenas uns trocados, apenas digo que os valores já foram dados.

Obstinado coração altivo em questão de permanecer na dureza surreal dos acontecimentos que estão a transtornar a vida e os sentimentos de um amor injustiçado que segue lado a lado a essa incógnita de ventos.

SERÁ ELA?

Será ela a dona do meu coração que veio para ficar eternizada em mim, com perfumes das flores, me enchendo de amores nos lençóis de seda vermelhos-carmesim?

Ela sabe tudo sobre mim, me cerca e me prende, me surpreende e sempre se rende aos meus anseios, mas me domina e não me recrimina por todos os meios.

Teus seios são meu aconchego, teus lábios meu doce recanto, teu corpo meu labirinto, teus braços meu regaço, teus olhos meu infinito encanto.

Tua cútis leve e suave como brisa de primavera, tua voz um som agradável como notas de uma canção na alma, teu sorriso de criança me acalenta e me acalma.

Que venha todo o amor sobre mim da mais pura, santa e bela senhora da minha vida, dona do meu querer, numa só comunhão, a esposa mais querida.

SONO PROFUNDO

Quisera eu dormir um sono profundo, mas não o sono da morte, este aínda é muito forte, entretanto um sono profundo paralelo a esse universo do mundo.

Um sono fora dos vivos, mas não junto aos mortos, fora das bocas cheias de dentes com os sorrisos falsos, das mãos que acariciam e armam laços.

Longe dos olhares e discursos altivos coisas típicas dos vivos, pois aos mortos não resta altivez, tampouco nas coisas concernentes aos vivos acurada lucidez.

Um sono profundo fora da aluvião das gentes que estão crentes na bondade dos povos, que cessarão com a fome e surgirão na terra como renovos.

Melhor dormir profundamente e não acordar, se o Sol te molestaria teve muita sorte, de não haver nascido e aberto os olhos para não contemplar o sono da morte.

JANELA DA VIDA

Olhei pela janela da vida e vi algo obscuro, mas antes que ficasse nítido o que seria fechei-a depressa, tive medo de que fossem revelados os teus segredos aos meus límpidos olhos. Eles me tiram a paz, fazem doer a minha alma e corroem os meus sentidos, são como os bramidos do leão e dos seus filhotes quando têm fome e a leoa se põe a caçar depois de longos dias de abstinência. Agora olhe por ela você, o que vês? Porventura dias abreviados por causa dos clamores justos ou dissipação dos tempos em virtude das loucuras? Quer vivas ou morras separada estás sem herança, tal qual a serpente que vive sorvendo o pó, mas mesmo rastejante ainda foi reputada como prudente. Se tem olhos turvos não verás detalhes, escancarem-se, abram-se largamente os caixilhos e deixem que vislumbrem os incautos.

REINO HIPÓCRITA

Os teus escritos e manifestos tens a essência do cheiro da ruína ó rei, a essência imaculada da miséria instaurada. Tu és um rei dum reino vazio e opaco, teus súditos são cristais sujos, teus asseclas os recipientes cheios de bebida forte. Quando discursas o teu povo te faz aclamado: - Oh, portentoso rei, como governas bem e nos tens feito fecundos e prósperos! Vida abundante ao rei! Não obstante tua rainha são sete concubinas, teus herdeiros os plebeus sectários, a tua herança uma lâmina num pêndulo, a tua sentença é tua crença nas mãos da horda de Nobres salafrários.

ESTAR FELIZ E INCERTO

Tudo mudou, nada é como antes, depois de tantos transtornos, tempestades, e enxurradas ultrajantes, a estiagem, e a alegria partiram lastimando, não entregando a felicidade naquele breve dia.

Ela queria te coroar com o que há de melhor com suas virtudes, te demonstrou isso em tudo que o cercava em todas as atitudes, te disse tantas coisas boas num simples olhar, quase implorando para nela acreditar.

Quem se entregou primeiro ficou por derradeira, esperando a sua predisposição ao que assistia, quando abria a sua mão naquele dia para entregar-lhe a felicidade que trazia consigo no coração.

Esse amor te deixou porque não acreditou nas palavras mestras, não quis embarcar em um coração de portas abertas, fez-te feliz em tudo, contudo deixou-se levar por coisas incertas.

Abriu-se-lhe os olhos numa noite fria, queria tudo novamente, incessantemente buscar o que outrora deixou escapar para hoje se comportar arredia. As portas estão entreabertas, olhando por entre as frestas às vezes se arrepia.

Como poder escancará-las? Não se vê mais nitidamente, há incertezas no que se sente, e adiante, às vezes de repente pode ser inconsequente e trazer inconvenientes para as vidas inerentes.

TALVEZ UM DIA FALEMOS DE AMOR.

Talvez um dia falemos de amor, um dia numa dor, dor suave e tensa, imensa dor, onde? Na carne consciência com rancor, Sol que queima feito fogo abrasador, ah! Meu amor sofrer assim tem seu sabor, na tenaz sou brasas vivas, aquém-calor, tua nudez hipnótica faz laborar beijo sôfrego gemedor, sou sofredor atado em teu umbigo acolhedor, percorro curto espaço, desabrocha virgem flor, ali morro, morro no cume, enterrado vivo impostor, com culpa, estulto desbravador, haja morte, mate-me com sorte, mas não me julgue por favor, me dê aos Céus, aos léus, embriagado de torpor, morreria mil vezes nela pela vida que a dou intensa dor, na consciência sem pavor.

NA TÁBUA DO MEU CORAÇÃO

Filho meu, lança mão dum cinzel e entalhe na tábua do meu coração sem dor o poder do amor. Quero viver para amar sem fingimentos, sem tormentos, sem mentiras a perscrutar.

Na luz dos olhos meus minha querida haja vida, puro desejar de vida doando vida, na essência do cheiro suave que embriaga dois corações, duas almas enobrecidas pela razão de amar.

Afague a paz que há em mim em abundância, deleite, sou teu manto, não haverá pranto e nem se apagará o encanto que feliz te faz, quero amar-te, doar-te, e sustentar-te em tudo que for capaz.

Imperfeito do meu jeito, mas fiel e verdadeiro, estará cheio o meu celeiro de Divina gratidão por ti. Quero honrar-te e ser honrado e que esteja ao meu lado, que vivas por mim e eu por ti.

QUERO IR

Quero ir, quero partir para um lugar dantes ido por ninguém, quero chegar lá e me abraçar e me sentir tão bem, em meus próprios braços, em meus abraços ir além.

Quero ir distante, muito adiante do pensamento humano, quero chegar lá e diligenciar meu próprio plano de ser humano.

Quero ir e jamais voltar de lá, ir sem levar ninguém, quero ficar para viver e morrer só como do pó viemos e voltaremos ao pó, sem ter olhos que vejam e venham sentir dó de um homem que escolheu ficar só.

CRACK DEPENDÊNCIA

Darias à tua vida tamanha estupidez? Seria insensato com tanta altivez? Sairia dos trilhos por inconsequência? Morreria mais cedo em tanta demência? Perderia o sono por abstinência? Provaria do mal que leva à falência?

Ele acontece e diz que não fez nada, jura de pés juntos centenas de vezes, não importa as consequências, satisfaz suas demências. Noites e mais noites no abandono, somente te afirma: parei foi este ano.

O que ainda esperar? Anda tateando nas paredes, esse é o teu fim, a droga que te influencia de ti não se aparta, te fere, enche-te de chagas, sangrando-te quase te mata.

Mas é o que a tua fraca carne mais almeja, o que a tua alma negra mais peleja, o que os teus olhos turvos contemplam com nitidez, quando está em ti desperta altivez, perde a lucidez.

Faz-te revolver na imundícia, com os loucos segue no caminho, pés descalços pisa em espinhos, mas quer voltar, quer sair, dá-me a tua mão não deixo-te partir.

Acendo a luz em teus olhos, livro-te do inferno que te chama, no teu corpo, no esqueleto, pele e ossos na lama, ela levou, ela sugou a tua carne, tua dignidade, mas no espírito a esperança ainda clama.

COVA FUNDA

Não ignoro, respeito e considero a cova funda que acolhe o frio e teso corpo, aliada da morte. O caixão? Esse não, ele também é engolido por ela, não lhe restou tamanha sorte.

A maioria dos vivos a temem, ricos, pobres, famosos, milionários, modelos, etc...., Sadios ou doentes, não tem como fugir do seu zelo, aqueles que sucumbiram sem irem a ela foram desprezados, não tiveram enterros descentes.

Ela nunca se cansa, nunca se satisfaz, todos os dias se banqueteia daqueles que a ela trazem, executa seu trabalho natural e eficaz, até aqueles que ela cavam não ficarão para traz.

Ó Senhor Deus da minha vida, quão inescrutáveis são os teus caminhos, quão elevados são os teus pensamentos, quanto poder há na tua destra. Os teus olhos e a tua misericórdia estão sobre os justos para que eles não ponham a mão em iniqüidade, contudo os caminhos dos ímpios o Senhor transtornará. Serão pisados e não haverá quem os socorra.

NUDEZ

Digo que um corpo vestido é sem graça, a roupa serve muito de grande trapaça, a dúvida pelo que está escondido às vezes rechaça a curiosidade do olho que passa.

Um corpo é belo em sua nudez, não dá para esconder o que é natural, há para todos os gostos silhuetas reais. Não se engane com vestimentas legais, modas atuais.

O nu é a transparência que aguça os sentidos, evidenciando aos olhos todos os detalhes, na tez descoberta encontramos a essência, sem termos na imaginação aludida indecência.

Há a cultura da seminudez, principalmente no Brasil, gringo que viu quer ver outra vez, geralmente no Carnaval despudoradas alegorias, verdadeiramente, naturalmente nudez.

AMANTES

Amantes! Como satisfazem aos caprichos de outrem, como se subjugam aos perigos das aventuras coloridas em quadros negros de profundas amarguras.

Ah! Sem medos, quantos segredos escondem os desejos dos amantes, mentiras, falsidades tudo em um teatro protagonizado por renomados atores e meros coadjuvantes.

Sei que são ignorantes, como são! Bestas alienadas, malfadadas, arrogantes. Nos encontros às ocultas em seus labirintos, se entregam às loucuras, nas doçuras, nas fantasias realizam seus instintos.

Duradouros ou brevemente, muitos são os prementes rompimentos dos elos dos matrimônios sólidos, decorrentes dos extra conjugais relacionamentos de infiéis casais.

Amantes que me intrigam vossas sortes, pois poucos são os casos de mortes nesse ofício-vício atribuído aos insensatos, pois trata-se de assaltos na sabida alma desamada, vilipendiada, mataria por nada.

E assim segue a vida dos amantes, com ou sem remorsos, sempre envidarão esforços, pois a cobiça nunca cessará, olhos famintos, a carne e os desejos, mesmo que os outros beijos amarguem feito absinto.

SOZINHOS NO ALÉM

O homem que vivia só porque não quis ninguém.

A mulher que vivia só porque não quis ninguém.

Certa feita ambos morreram e foram se encontrar sozinhos no além.

Ao despertarem no além assustaram um com o outro.

A mulher perguntou logo: O que fazes aqui comigo?

Respondeu o homem desacorçoado: Nem no além cortei o meu umbigo, dessa criatura afeiçoada, vivi e morri perseguido como fugindo da espada.

Retrucou a mulher: Seu umbigo foi cortado no seu nascimento, eu que vivo fugindo buscando a paz num só momento.

Esse lugar só dá para um de nós, não sei como isso aconteceu, sozinha em vida, também depois da vida paz para quem já morreu.

Disse o homem: De morto estou eu, de paz falas a mim, a ela também eu quero, a solidão que venero vou ser-te sincero buscarei em outro fim.

Mas a mulher admoestou-o: Outro fim não haverá, porventura pensas tu que podes à vida voltar? Aqui é o nosso fim agora contas pra mim mudarás o teu pensar?

Ressabiado o homem considerou, porque em vida foi livre e à mulher não se doou, e porque logo no além dela não se apartou, demorando a responder a mulher esbravejou:

Se demoras a responder é porque estás confuso, nesse lugar que estamos pagamos o nosso castigo, talvez devo entender que deveras estás comigo.

Se entendes assim disse o homem: Ñ ão dirias que somente cabe um de nós, se não podemos nos apartar e estamos nós dois a sós até quando contenderemos entre os contras e os prós?

Não sei diga você, sou mulher e sempre fui só, viver ao lado do homem sempre me dava nó, agora nesse além quem sabe Deus tenha dó e torne nossos corações macios como pão de ló.

Assim o homem entendeu que o castigo de que a mulher falou foi estar os dois unidos, por terem vivido sem ninguém, acabaram após a vida juntos no além.

Sem mais contendas os dois se uniram na intenção de se fazerem bem, se em vida não quiseram, foram obrigados no além, nunca mais se apartaram, em amor se entrelaçaram e em Deus disseram Amem! Que esse além seja qualquer lugar para se encontrar.

AMIGA SOLIDÃO

Como és meiga e dócil oh, solidão! Faz-me prudente, me disciplina, me ensina a ser mais gente, temente, abre os meus olhares, sigo em frente.

Sua fala me cala calmamente, seus conselhos absorvo mansamente, seus juízos executo atentamente, quando me abraça tudo passa rapidamente.

Solidão não se apartes de mim, as nossas conversas são assuntos afins, estou bem acompanhado contigo, em ti me abrigo, me suporte até o fim.

A ESSÊNCIA DOS EUS

O Eu cômico rindo de si mesmo, o trágico venerando a morte, o rico exaltando a sorte, o Eu pobre chorando a miséria, o Eu político enganando as massas, o palhaço sorrindo nas praças, o Eu pastor ensinando o caminho, o doutor tratando com carinho, o Eu policial guardando as leis, o Eu marginal de encontro às leis, o Eu justiça julgando as leis, o Eu pai educando, o professor ensinando, o Eu poeta pensando, o compositor compondo, o Eu artista representando, o Eu vida doando, o Eu amor-espirito-alma, exprimindo amor, o Eu ciência descobrindo, o Eu tecnologia inventando e alienando. Quantos Eus, nenhuns são iguais, tantos tanto faz, nem todos do mundo se aprazem no que fazem, poderiam ser Eus diferentes, máquinas ou gentes, agentes do bem ou do mal. E o seu Eu que tal?

FORASTEIRO

Apresentem-se as testemunhas que me acusam de malfeitor, apontem em riste ao meu rosto e digam acertadamente qual o meu labor na origem dessa tragédia ao não ser doar amor.

Se feri alguém perdoem a minha bondade, todo amor que doei foi sem nenhuma maldade, se a tragédia ocorreu auspiciou falsidade dos quereres aversos à luz da verdade.

Não chores, minha querida amada minha, se me aplicarem tão capital sentença, pois toda pujança em meu espírito fará que minha nobre alma vença dos apegos deste mundo e te amarei mais a fundo caso vivas por minha crença.

Nas desavenças dessa vida tudo se tornou ferida em meus membros, pesados fardos, duras penas, aviltantes assombros, somente tu minha amada querida minha é o bálsamo que alivia a dor que percorre em meus lombos.

Forasteiro me tornei por ti amada minha, deixei meu coração tornar-te teu nesta terra em que parei nas minhas aventuranças, quando a vi com inocência de uma criança recriei-me em esperanças de em ti me debruçar, e zeloso encontrar outorgada valência.

Assim me empenhei, duro trabalhei, com muito amor te conquistei, agora estou sendo criminado por causa dele a ti doado, de antemão injustamente condenado tal qual um fora da lei, mas nisso tudo há a luz que forte me conduz e para sempre teu serei.

PRESO POR AMOR A TI

Estou preso por amor a ti, não consigo das cadeias libertar-me, como pode isso existir sem marcas deixar-me. Como posso lutar com essa força que não conheço, querendo renunciar-me de tudo que não mereço.

Não consigo entender o que aconteceu, nada mais disse, disso nada feito, ficando um profundo vazio dentro do meu peito, que falta me faz e não me faz falta, que me humilha e às vezes me exalta.

Que me prende em celas nas torres mais altas, e detenho as chaves das portas erradas, que a sentença é concreta e a pena abstrata, sem sacrifícios ninguém se mata sem sentimentos de forma exata.

Liberdades, o que fazer com ou sem elas? Estou preso a ti como num juramento no tempo, sem ampulheta, incerto e num deserto de incertezas que pelas fraquezas abrir-se-ão as celas.

Penso em ti todos os dias não penso em ti, como se fosse um ébrio diria já me esqueci do brilho da tua face, do teu riso não bastasse se eu não me alimentasse dos prazeres que contigo vivi.

Haja justiça do Todo Poderoso, haja lágrimas, haja verdade e gozo, haja júbilo nos corações, emoções, paciência sem argumentações, esperança e tudo quanto seja louvável e afável, e que eu tenha sabedoria dia após dia para não tornar-me um miserável.

FICTO-ABSTRATO

Seja o fogo, a água que consome o fogo,

Seja a ferrugem que corrói o aço,

Aquele que não tem tempo no espaço,

Quem ame com longo espaço de tempo,

Seja um longo tempo no espaço.

Seja o óleo que unta o aço,

Que elimina a ferrugem do espaço,

Não seja o cansaço e ame com todo fogo,

Que ferve a água que o consome,

E a mesma que esfria o aço.

Seja a luz que dissipa todas as trevas,

Seja o mar, o ar, a vida, a ferida que dói,

Uma lágrima que cai, a mão que constrói.

Seja o remédio que cura a ferida,

Não as trevas, respire o ar, banhe no mar,

Seja a vida mais que vivida.

Seja as mãos que afagam os que choram,

O lenço que seca as lágrimas,

Os abraços dos que namoram,

As confissões dos que se amam,

Os beijos dos que se adoram.

Seja a generosa e graciosa esposa,

Os alvos e límpidos lençóis do leito,

O louvável e honroso esposo,

Seja o matrimônio perfeito.

Seja os olhos coloridos, anegrados,

Acastanhados, não sejam acanhados,

Seja a visão, esverdeados ou azulados,

Não sejam exacerbados.

Seja a razão, a lei, a temperança,

Não seja cego, seja a causa do conflito,

A inocência de uma criança,

Seja o conselho, o socorro do aflito.

Seja as algemas nos pulsos, a liberdade,

A falha, a palha que queima, a cinza,

Seja os esteios, a coluna, a saudade,

Todos os fins, não seja a fraqueza,

Seja todos os meios na natureza.

Seja a afronta, a coragem, e o medo,

A pergunta e também uma aposta,

Seja todo lugar, a verdade e o segredo,

Seja lugar nenhum e nenhuma resposta.

Seja o tudo, seja o nada nessa vida,

Alma enfadada por ficto-abstrato ser,

Sinta o que é palpável e que possa ver,

Não fique na artificialidade perdida.

UM POEMA SEM RAZÃO

Procurei escrever um poema sem razão, guiado pela emoção pra tocar quem fosse ler. Assim abri meu coração e encontrei inspiração pensando em você. Oh, meu amor! Minha pujança, minha aliança.

Eu tenho eterno amor por você, tenho muito, amor que fortalece a alma, você é incapaz de compreendê-lo ou ainda não está pronta, me dou a você todo o tempo. Não sei de mim, mas sei te querer, me entregar, te buscar.

Posso estar sozinho, mas está em mim, gravada em meu coração, nos sentimentos perfeitos, numa lágrima que rola quando me aperta o peito, por imaginar estar em teus carinhos e estender os braços e não mais poder te alcançar e, lembrar que se foi deixando no ar uma sensação fictícia de voltar.

Quisera eu estar plenamente em teus braços, entre abraços, nos seus beijos absorvendo a excelente dádiva do amor. Absoluta minha, rainha do meu reino de esplendor. Andaria dias, mas a veria, como de mim não saíste a louvo de fato, amar-te é um cálculo além de exato.

Te confesso, não sei até quando poderei suportar sentir você vitrificada em meus olhos, gravada em minha mente, fixada em meu tato, exalada em meu olfato, guiada em meus passos, como se estivesse em todo lugar.

De dia busco-te com excelência, à noite batalho em minha consciência tentando esquecer-te. Oh vida! Por que escolheu-me para ser teu dessa maneira, minha altaneira razão, cotejada não há igual, tão especial, faz-me sentir tão bem quando estás comigo. Diz que vem, sempre pronto te abrigo em meu coração.

LÁGRIMAS QUE CAEM

Lágrimas que caem de olhos alheios dizem pra mim e pra você o mais duro sofrer sem acudidos anseios. Lágrimas que caem dos olhos duma criança com fome e sem alimento, tampouco esperança.

Lágrimas que caem dos olhos dum velho capitão na seca terra chão, duns olhos petrificados que ouviu os seus soldados num choro desesperados pela perda dum irmão fardado.

Lágrimas que caem dos olhos duma donzela, a mais linda e mais bela por ver por entre os homens quando se faz a guerra seu querido e amado de todo alistado com o espírito preparado.

Lágrimas que caem dos olhos duma mãe, por um choro que não vai, pela tristeza que não sai pelo filho que se foi, com remorsos e dor intangível nas entranhas, no âmago uma batalha pela falha nos esforços.

Lágrimas que caem densas e turvas dos meus olhos, quando olho nos teus olhos e vejo lágrimas a cair, sentindo você partir dos amargos dessa vida como doce e sucumbida dos teus choros exaurir.

VIRGEM DEBUTANTE

Na janela assentado meu valor,

Na provisão um mantimento apetente,

O fogão um instrumento de calor,

Na panela ponho fogo água fervente.

Eu linda virgem almejando casamento

Das colinas debutando em minha vida

Prometida ao meu amor por juramento

Minha mãe me ensina ofícios da dura lida.

Mas meu pai se opõe em polvorosa

Tenra jovem filha minha a namorar

Arredia, maravilhosa cheia de prosa.

Saltitante quão gazela difícil de laçar

Desabrochando inocente botão de rosa

Receoso das minhas pétalas esmiuçar.

HOJE QUERO TE DECLARAR

Eu hoje acordei com uma vontade

Daquelas de te abraçar e confessar

Que te amo com toda sinceridade,

Com toda presteza estar ao teu lado

Te dar o máximo de mim sem fingimentos

Em meus gestos te mostrar agraciado.

Percorrer mil estádios pra te prezar

Não cansar pelo esforço aplicado.

Celebrar na certeza de real poder gozar

A vitória pelos louros alcançados

Por esse amor vivido e eternizar

Os momentos de encontro entrelaçados,

Pela felicidade, vida, paz, e eficiência

Da harmonia entre dois corações alados,

Amados, plumados, na vivaz existência

Das nossas vidas, e fiéis enamorados.

Quando eu declarar a ti todo o meu amor

Será a mais privilegiada das moças

Será a minha fascinação e glamour

Serei teu baluarte dos reinos das forças

Te protegerei por detrás da fortaleza

Para que o inimigo não possa te alcançar

Assim conservareis contigo toda beleza

Sem injúrias ao teu reinado de princesa

Meus sentimentos não são devaneios

São verdadeiros e em tudo pode confiar

Morreria instantaneamente sem receios

Se nessa vida não os pudesse anunciar.

MEU AMOR O QUE SERÁ DE NÓS?

O que será de nós se um dia meu amor

Nos rendermos aos apelos desse mundo

E ignorarmos o sentimento profundo

Que surge repentinamente em clamor?

De levar-nos à loucura ao que buscamos,

No prazer por prazer nas noites insanas,

Somos bacanas, e no outro dia aturamos,

A dor da sutura que cose feridas ufanas.

Que sangram o invisível, e o que é visível

Não é plausível às nossas almas descrer,

Uma depressão aguda, muda e horrível

Que desperta o desejo de agonia: morrer.

Mas de repente uma voz que era ausente

Ouve-se no ambiente por todos os lados,

Nos recobrando memórias dos passados,

Encerrando o nosso choro que é recente.

Nos dando a razão para sermos sábios,

Nos livrando dos laços e abraços hostis,

Dos casulos do medo e dos opróbrios.

O que será de nós se formos ignóbeis?

OLHE O MAR

Olhe o mar como é lindo e parece infindo!

Águas bravias escumantes a calmas

Que banham a terra nos limites findo

Que tem toda a sorte de criaturas almas,

Que quando se vê pela primeira vez

Se encanta e pergunta: como isso se fez?

Olhe o mar com toda a sua força,

Com todo o seu poderio e beleza,

Coitado! Está preso na porção seca

Restando por consolo suas profundezas

Cheia de criaturas almas, nisso não peca,

Alimentando os homens na árdua pesca.

Olhe o mar que recebe tudo às beças

Todos os organismos que o infesta,

Ainda sim suas águas não são insossas,

Tem o sal em abundância que presta.

Esse mar que ao homem interessa,

Mas sabe pouco dos mistérios acerca,

Das profundezas e criaturas almas,

Conjecturando saber muito expressa

Afirmações e deduções desconexas.

SEI MINHA MÃE

Sei minha mãe que nenhum de nós fomos

Agraciados com as blandícias dessa vida,

Pois todos tivemos que aceitar os açoites,

Desde a meninice a penúria dolorida.

Sei minha mãe que a humildade temos,

À simplicidade sempre recorremos.

Nos ensinastes e hoje a cremos

Pois dela nos fizestes homens, mulheres,

E ataviada em nós confiantes vivemos.

Minha mãe sabemos que tudo sofremos,

E não desanimamos, o tronco erguemos,

Com forças lutamos, vitórias alcançamos,

Derrotas tivemos, batalhas perdemos

Nas guerras que travamos, mas ninguém,

Nenhum de nós se foi, todos expectamos

O inviolável e insondável poder do bem.

EMBRIAGADO

Quando o vinho cai na taça e a enche de graça,

Os olhos ávidos, a boca seca, o espirito sedento,

A viagem corpo adentro, em instantes euforia,

Repetidas doses, esforçando-te na sobriedade a cabeça cambaleia,

Calor, torpor, tudo em descompasso, letargia,

Embriagado, não somente vinho, mas todo álcool injetado,

Carregado, vomitado, depressivo, enojado, e enjoado,

Devaneios são realidades, às vezes choros ou alegria,

Na noite desse dia tudo ficou perdido, aturdido,

Seria muito proveitoso suportar o desejo e não ter bebido,

A vontade de esquecer o que não pode ser esquecido,

Se a mente momentaneamente perde os sentidos.

Amnésia alcoólica caso tão sabido, das desculpas pelos escândalos cometidos.

ESPERANÇA

Tenho imensa esperança de dizer te amo,

Espero no Senhor uma resposta certa,

Meu coração está em alerta ao que clamo

No fundamento do meu desejo que oferta

Todo amor sem medidas, sem desânimo.

Que seja feita a vontade do nosso Deus,

Ele sabe de tudo que nos são afetos

Abençoa e ilumina os eleitos seus

Ouve e atende as necessidades dos retos

No meu caminhar firma os passos meus.

Nos caminhos da verdade e da vida

Ele me conduz e me dá guarida

Me oferece a salvação na Sião elegida

Onde os Santos entrarão na subida

Gozando eternamente após a despedida

Pela constante vitória aqui enaltecida.

A CONFISSÃO DE UMA DONZELA

Tenho um véu sobre a minha cabeça

Na castidade vivo sem desejos tolos,

Venho aqui antes que eu me entristeça

Me derramar confessando desaforos.

Dos que insultam minha pureza

E me veem como objeto de desejos,

Que os dentes são afiada destreza

E os olhos luzes cegas faróis negros.

Que a boca escancaram até às orelhas

Num sorriso falso, frio, e alardeador

Tal qual o lobo espreitando as ovelhas

Na fome escondendo-se do justo pastor.

Rogo-te não os condene por suas ações

São desfavorecidos de entendimento

Tudo que sentem em seus corações

São armadilhas de empobrecimento.

Não materialmente expressando,

Mas do espírito e da alma do ser

Que vive nesse mundo vagando

Na miséria das dores sem crer.

NÃO CONSIGO ESQUECER-TE

Podes não mais querer-me, mas confesso

Não consigo esquecer-te, são memórias

Que de mim não saem, os bons tempos

Nossos juntos que os ventos não esvaem.

Você cuidando de mim quando solícita a

Encontrei, senti tanto carinho e a você me

Entreguei, com sentimentos sinceros me

Inclinei, desejando te amar mais que sei,

Por tudo que fruiria do seu zelo, pensei.

Sabemos que o coração nem sempre

Expressa a razão dos nossos propósitos

Desta feita surgiram fatos que nos

Levaram à ação por rumores insólitos.

Travamos lutas em paz, no que satisfez

Ao desgaste e a mercê, das idas e vindas

Entre mim e você, e o tempo curará tudo,

E que seja absorto o amor como escudo.

Para que sejamos agora fiéis, e sigamos

Unidos em outros anéis, nesse caminho

Elevado e firme, esperançosos naquilo

Que não vemos, todavia todo dia cremos.

CHÔRO SEM LÁGRIMAS

Queria chorar, mas não me restou nem mais uma lágrima, pois todo chôro já secou, quem amou, amou! Será que me amaste? Ficaste em cima do muro, não desceste, esperei tempos vazios, não creste. Queria de novo um chôro por tanto riso canoro, pássaros canoros me consolando em orquestra em dia de festa. Contesta o que ainda te resta que é chorar, chôro seco sem lágrimas, quem as colheu? Amor meu recebeste medida recalcada transbordante, guardaste e ensoberbeceste, por isso choro porque não doaste-me porção, retem-no. Doá-lo-ia para alguém se não ao meu coração?

MALES LONGE DE MIM

Estou jogando fora tudo que não presta

Lançando longe de mim, indignado!

Tudo que me cerca e oprime calado,

Nem que me paguem um dinheiro danado

Quero de volta estes males zangados.

Estou arrancando todos eles pela raiz

Nem que seja a mais longa e profunda

Usarei de toda espécie de força motriz,

Eliminarei os pesos da minha cacunda.

Que auxiliem-me prisões nos profundos

Trancá-lo-eis nos inalcançáveis abismos,

Para que não voltem aqui nauseabundos

Neste mundo onde festejam derrotas.

Estou cansado de encurvar-me imundo,

Desta feita sobrevieram-me respostas.

SE QUERES QUE EU MORRA

Se me vires chorando e perguntares por quê? Responderei francamente: é porque não quis me querer. E se insistires em saber se esse é realmente o motivo, te direi: não me querer já é duro demais, ademais ter-me como amigo. E se fores mais persistente ainda e não se deres por satisfeita, julgando o motivo estupefata, bradarei a plenos pulmões: se queres que eu morra desse jeito, me mata, faça assim fique longe de mim não me dê seu amor e será o meu fim.

VIVA E DOE AMOR

Se queres viver a vida vivas com fé,

Se queres amar ames com esperança,

Se almejas cuidado busques com saber,

Faças bem, seja empático sem acepção.

Porque não somos verdadeiramente

A essência do que pensamos que somos.

Em muito nos tornamos mera vaidade

Daquilo que imaginamos ser realmente.

Não seja a pedra no sapato de ninguém,

Seja a solução na vida do seu bem,

Daquele ou daquela seja lá quem for,

O importante e gratificante é só o amor.

Eu amei de verdade, hoje só saudade.

Dê amor ao seu amor, o resto é vaidade.

RECORDO QUE TE AMEI

Dos verdes mares olhos verdes cabelos longos, dos grandes rios grandes lábios macios e grossos, das catadupas seios firmes ventre ereto, do riacho doce, doce boca dentes de leite, dos mananciais jorram suas curvas num tronco reto.

Nasce o nosso amor das nascentes olhos d'água que corre para os riachos nos leitos onde deságua, que afluem os grandes rios sorriso branco como a alva, onde minam poços de emoção no curso livre do meu coração.

Nas suas catadupas as minhas quedas sem ressalva, se caio nos grandes rios, dos verdes mares bravios me salva, se morena, ruiva, loira, negra, não sei, esqueci-me em razão das muitas águas em que me afoguei, sonhava com sereias, mas só recordo que te amei.

JOGO DA VIDA

Saia lá fora e veja o mundo, a vida, como numa despedida, lance as cartas, se não tem trunfos descarta todas as possibilidades inexatas de vencer ou perder a cabeça, os sentidos em etapas. Feche os olhos um instante, respire o bastante, não se avexe, franqueie as apostas, não dê as costas às portas, defenda-se não renda-se aos desejos tolos, medite e não dê palpites, fuja de enrolos, não sofra nem faça sofrer, melhor estático se não podes correr, esconda-se, mova-se aos olhos do inimigo e fuja do perigo iminente, esteja ciente de que as fraquezas surgem de repente, não experimente a sensação da ausência sem clemência. Volte fique onde está porque no jogo da vida é difícil de ganhar sem ter alto pra apostar, se perder ganho eu ou ganhe você as migalhas da soberba que alimentam-nos as falhas de podermos enriquecer os desejos sem virtudes que nos cercam amiúde com a ganância de crescer. Em todos os sentidos seja comedido, não jogue com a vida nessa ânsia enlouquecida, vai ter com os prudentes, estude suas mentes e dispa dessa jactância, total alternância das correntes bem e mal, e entre na frequência sem apostar a valência da sua alma colossal.

AMO EM SILÊNCIO

Estou em amor por ela silenciosamente,

Disso ela não sabe, diria que de repente

Meu coração não suporte mais a falta,

E num dia desses a encontre ingrata

E lhe conte todos os meus segredos,

Principalmente o de amá-la ingrata,

Como num filme sem ensaios e enredos.

Ela é perfume que dura e de mim não sai,

Impregnada em minha pele em essência,

Entrou em meus poros e pelo sangue vai,

Viaja todo o meu corpo em abrangência,

Como um entorpecente dependência sua,

A desejo em meus abraços nua e crua.

Mas ela é ingrata e isso tudo não basta,

Nem movendo uma montanha de lugar,

Diria: Pode se esforçar é pouco arrasta,

De joelhos me implore pra eu ficar.

E eu que amo em silêncio que direi pois?

Como posso aos teus braços tornar?

LÁGRIMA DE UM GUERREIRO

Tornou-se um homem frio em decorrência da profissão, são muitos anos na luta perdoem seu coração, que não é de todo endurecido por tudo que tem vivido, fraqueza, euforia, tristeza, e desilusão, mesmo forte lutando contra a morte às vezes uma lágrima tímida cai pelo chão.

São muitos os casos que viu e ainda vê nessa missão, mães chorando os filhos, irmãos lamentando irmãos, esposas maldizendo maridos como se tivessem total razão, mães abandonando crianças por causa da diversão.

Menores indo e voltando imediatamente da prisão, a moça que ficou sem o telefone na mão, chorando de tristeza porque pagou somente a primeira prestação. Ligações dando conta de corpos em vão, outro enforcado sem remissão, que aos seus olhos são abominação.

Mas no seu canto de solidão, chora por dentro em oração, renova o espirito e não desiste não, mesmo sabendo que não há solução, que enquanto houver mundo, haverá maldição e que pra muitos o crime tem compensação.

OLHOS DE COELHOS, CARAPAÇAS DE JOELHOS.

Entendam as razões porque tudo é ruina e desconsolo, se deveras andam tortos menos vivos e mais mortos que os que sobem e descem as escadarias da perdição, veja a intuição daqueles que fogem da lâmina afiada e dão risadas dos néscios que são traspassados porque não têm a visão. Quem é louco dispensa loucura, quem é doce dispensa doçura, os afoitos se queimam em fervura, aliás quem dorme cedo descansa a armadura. Mas os que perambulam tem olhos vermelhos, lutam com a noite por não ouvirem conselhos, olhos de coelhos, sangues vermelhos, carapaças de joelhos. Ai daqueles que discorrem pelos becos largos, vielas espaçosas, julgando milagrosas suas armas de brinquedo, que em todos metem medo pelo zunido ratátátá, descubram um segredo não haverá mais nem um dedo que puxe o gatilho pra produzir este sonido que o instrumento pode dá.

A VIDA EM AMOR

Quero dizer tudo o que eu sinto por você agora mesmo, não tem segredos no que direi. Estou confessando todo o meu amor por ti nesse enredo do coração que não aguenta mais a solidão. Veja agora como eu estou a te esperar em um momento em que você vai me confortar, me fortalecer quando eu a ti me entregar. Já faz muito tempo que retenho esse sentimento que clama por você a todo instante, por isso mais que importante é dizê-lo agora sem demora e me derramar em seus braços, no seu colo sentir como nunca antes os seus carinhos que me dão vida abundante. Não te detenhas por favor, vem depressa quero te dar sublime amor, minha flor, sem limites, todas as minhas forças pra te sustentar, vou te amar e quando você acordar estarei lá sempre ao seu lado, porquê por amor a ti quererei ser, desejarei a todo custo, mesmo que não haja indícios, evidências ou provas, o culpado, o injusto, porquê amar é dar a vida, é esquecer-se de si mesmo, é sentir forte no peito a emoção verdadeira pura e simples de que realmente está amando sem restrições, é não esperar a compensação pelos gestos dispensados, é chorar junto, ter os mesmos propósitos de amor, é está entrelaçado sem querer soltar mais porque é amor, é querer dos dois se fazer apenas uma carne, é ser forte na fraqueza do outro, é querer doar mais que receber, é ser manso, prudente e fiel, é carregar as tribulações um do outro, é não desanimar quando pensa que não ama mais, desde que não haja motivos suficientes para isso. Encontre o seu amor, mas o ame de verdade, como a transparência da água mais límpida, e verás que vale a pena amar, é gratificante, vivificante, morreria por amor, porque assim sei que jamais me faltaria a vida.

ROSTOS NA MULTIDÃO

Ando pela cidade e contemplo rostos na multidão, pessoas indo e voltando a trabalho, passeio, perambulando, uns em veículos, outros não, vejo nas faces distintas sensações, quem me dera saber dos corações dessas gentes em grandes turbilhões. Emoções são constantes, de tudo acontece, há cidades que não param nem dormem e a muitos pelo estresse entristece, mas voltando às faces observo seus disfarces, vestimentas de classe mendigando o pão, há falsos mendigos dormindo em papelão, prostitutas de plantão, um é policial o outro ladrão. Muitos olhares não enganarão, vejo semblantes caídos ao chão, apatia, desilusão, mas também vejo disposição. E o trabalho? Enquanto uns deixam, outros estão iniciando, uns agradecendo, outros murmurando, e estes rostos vão mudando com o tempo passando, e tudo evoluindo, novas faces vão surgindo se misturando na multidão, novos corações, carregando sentimentos idênticos, lidando com as mesmas situações, parece que tudo é igual como antes, que nada de novidade se fez, que tudo que há, um dia já havia sido feito outra vez, mudou apenas as aparências e os jeitos, mas com todo respeito são novas as exigências e outras experiências, com o aumento avançado da ciência demanda competências para estes rostos na multidão que desde a formação desta Terra irresoluta observo as condutas dessas mentes nestes corpos, nestes corações, nas faces, nas multidões, rostos sem uniões que misturam sem diapasões, entre cores raças e sexos, afinidades sem causas de nexos que me deixam tão perplexo por causa dos seus complexos sistemas de comportamentos, incluam-me aí dentro, porque se observo também sou observado, talvez até mais perscrutado que os que andam lado a lado, pois um rosto adorado, popularizado, e isolado, chama mais a atenção do que dezenas de milhares num ror de multidão.

CANDEIA-CHAMA, VELA-MAR, CAMA E VELEJADOR

Eu sou a candeia que tenho a chama e estou no velador.

Eu sou o velejador que tenho a vela que não tem a chama, mas tenho o mar que clama por seu amor.

Eu sou a cama do velejador que tem a vela que não tem a chama, mas tem o mar que clama por seu amor, alumiada pela candeia que tem a chama e está no velador.

Eu sou a alma daqueles que amam em toda cama, alumiada pela candeia que tem a chama e está no velador, que alumia a alma do velejador, que tem a vela que não tem a chama, mas tem o mar que clama por seu amor.

Eu sou a chama da candeia que está no velador, se algum dia apagada eu for, não haverá mais luz na alma daqueles que amam em toda cama, nem na alma do velejador, restarão apenas a vela que não tem a chama e o mar que clama por seu amor.

PÁSSARO MISTERIOSO

Canta um pássaro misterioso um canto triste em minha janela, fazendo-me lembrar do dia em que ela partiu com a parentela, fui aos seus pés lhe implorar para que comigo ficasse, mas só fez me ignorar e deu-me as costas num impasse. Assim seguiu a sua parentela para onde eu não sei, os motivos não me disse, confesso que esperei uma satisfação da parte dela por tanto amor que lhe doei. Doeu meu coração dias e noites sem parar, imaginando o por quê que meu amor foi me deixar, seguindo a sua parentela sem nada me explicar, transformando meu riso em prantos num duro golpear que ruiu as minhas bases me fazendo rastejar. Agora que eu estou em pé vem esse pássaro aqui cantar, este canto de tristeza para mistérios me revelar que o que foi em beleza, em realeza há de voltar, para que eu a receba com festas sem nada argumentar. Canta pássaro canoro um misterioso canto alegre à minha alma e não deixe eu chorar por meu amor que foi embora, só me faça alegrar na esperança dela voltar e novamente me amar como fizeste outrora.

EVA MULHER

Quando Deus criou o homem e chamou-o de Adão, vendo-o entre todos os animais sem um par, sem companheira compatível, então vendo que não era admissível porque tudo que criara era bom providenciaria uma adjutora, uma varoa para aquele varão.

Adormeceu Adão com um sono profundo retirando de si uma costela cerrando a carne no lugar, dela formou a Mulher uma companheira para lhe ajudar, diante dele no Éden onde foram habitar, com a promessa Divina de lavrar a terra, crescer e multiplicar.

Para alegria de Adão no coração e na alma, uma auxiliadora de beleza incomparável mais que diamantes, Deus trouxe a ele realeza nunca vista antes, tendo Adão a chamado de Mulher, osso dos seus ossos, carne da sua carne, Eva de fibra e de guerra MÃE de todos os viventes.

(Homenagem ao dia da Mulher)

ATÔNITO

Oxalá eu fosse pra você apenas um homem, um varão sem valor iludido buscando um amor escondido que não se revela à porta de um coração que perscruta astuta donzela.

Suas artimanhas são tamanhas querelas, não contempla em mim capacidades austeras, de viver e morrer por sorver bagatelas do ínfimo que me resta, mesmo assim ainda é o que me presta.

Esvair-me por arestas que levam-me verter ofertas lançadas às desertas incertezas remotas, pois minhas apostas não são grandes derrotas, deixando-me vencer noutros frutos, valores ocultos de sábios astutos, meus sentimentos fortuitos.

ANTE O FIO DA ESPADA

Ante o fio da espada, adiante a morte velada, misericórdia! Misericórdia que nada, pagarás os teus pecados pela lâmina afiada. Te digo que não sentirás dor, mesmo contemplando em teus olhos tamanho pavor na alma que está clamando pelo seu Senhor. Quais são as acusações? Genuínas pregações de alegres canções que insultam Leões, insensatos Dragões que ditam a sorte desses nobres Cristãos . Injustas benevolências às custas das falências das fracas resistências, vivendo sem clemências por todas anuências. Erga-te um Santo que não aparte de ti o canto mais vivaz tanto quanto a esperança de um manto de quem trará a salvação não a uma só nação, deveras a quem busque de todo coração.

SEM SENTIDO.

O que é um homem sem um amor? É um objeto sem cor, uma pétala sem flor, uma baqueta sem tambor, um alimento sem sabor, um choro sem rancor. Uma via sem pavimento, a massa sem cimento, um corpo ao relento, a tempestade sem vento. A vontade sem a razão, uma via de contramão, um sol sem verão, um vôo sem avião. Um barco sem motor, sem remo ou remador, à deriva em alto mar, sem saber onde chegar. A língua sem a fala, um perfume que não exala significante odor. Um coração que não bate, um olho que não vê, a fome que não se acaba, o mundo quando desaba diante de você. A loucura controlada pela força aplicada doa a quem doer. O trem sem os trilhos, o sabugo sem os milhos, os pais sem os filhos, o morcego durante o dia, sem paz na agonia. O banco sem vigia, a virgem sem pudor, sem padre sem pastor, as nuvens sem o céu, as castas sem o véu, as prostitutas sem bordéu, as abelhas sem o mel. A caneta sem a tinta, a rainha indistinta, um pincel que não pinta. Quantas coisas se podem enumerar querendo explicar um homem sem um amor, porque Deus o Criador ao fazê-lo teve o zelo de uma companheira arranjar, vendo-o triste sem um par, de suas costelas foi tirar uma mulher para ele amar.

O PREÇO DA INGRATIDÃO

Nesse mundo voraz, caracteres vis com maquiavelice audaz, trilham caminhos tortos na escuridão Satanás, sentimentos fingidos que maquiam a paz em um coração tortuoso, vazio e capaz de aniquilar, a bondade, o amor fiel, e a honra de forma capataz.

Por ser compassivo necessário se faz morrer crucificado levando a culpa tenaz, daqueles que não entendem o bem pelo mal que se faz, assim parece correto que morra o justo e libertem Barrabás.

MAIS UMA CHANCE

Sinto saudades de você em meus braços, dos seus beijos e abraços, do seu corpo como um laço tão apertado em mim cobrindo todo o espaço entre um vão e outro adoráveis amassos, quanto conforto no meu coração e calma na alma, momentos de desejos realizados sem ressalva, quisera eu de novo te encontrar para novamente em seus braços me enroscar, matar a vontade de te amar, me entregar por inteiro a você mulher e sem pensar olhar em seus olhos e dizer quanta solidão tem me feito sofrer, por me deixar ir sem resolver grandes pendências que implicam em nosso querer. Sem saber se um dia voltarei a ser aquele amor que um dia sonhei em te dar além do Céu, Terra, e Mar que você não quis a recíproca entoar, me prendendo em uma teia difícil de se soltar para poder refletir e me alinhar nos caminhos seguros a trilhar, desviando-me de você mulher que não teve interesse sequer de aderir fielmente ao meu amor, que crescia a todo vapor, dando-lhe total valor como se não houvesse preço que pague, ao mais puro ouro de Ofir, então deixou-me partir por migalhas aqui e ali que não vão de fato te sustentar, mas que ruínas te trará e um dia perceberá que tamanha loucura operou, pois da fonte que bebeu quase toda água secou. Então ainda uma nova sede virá e quando essa fonte procurar sentirá um aperto no peito, pois beber dessa água talvez não tenha mais jeito, e o que te restará a fazer é ao Dono do Amor recorrer e implorar por perdão, porque além da sede terá uma fome sem razão, não por falta de pão, todavia por uma canção que toque profundamente o seu coração e que mude todo o seu ser e te mostre o mais puro viver por alguém que só quis te querer, te fazer o bem sem o merecer. Agora terá que resistir todo o peso que cairá sobre ti e por enquanto carregar, sem deixar de clamar ao Dono do Amor para que venha te libertar.

TREM DA VIDA

O trem da vida partiu daquela estação, carregado de jazidas e tristezas na ferrovia da contramão.

Em cada parada em cada estação descarrega um pouco dos seus mantimentos, alegrando almas, entristecendo almas, exaltações e desalentos.

Em cada parada em cada estação, vai ficando livre dos seus fardos, sejam eles leves ou pesados, se riqueza ou falta de bem no decorrer das jornadas espaçosas ou estreitadas mesmo com liberdade nem tudo convém.

Na longura dos caminhos muitos anos se foram, o trem da vida ainda parte mas não como era antes, destarte já está cansado e desgastado de tantos amores e amantes que levaram suas riquezas e tristezas de formas irrelevantes.

Descuidado descarrilhou-se e não partirá nem chegara à outra estação, suas cargas já não servem mais, sem preço sem valorização, ficará esquecido, talvez seja enaltecido se outrora haja semeado e cultivado frutos para uma nova geração.

Ó LUA!

Ó Lua por que me despresaste? Mesmo sabendo de todo o meu AMOR por ti! Me acostumei com as tuas fases, com as tuas mudanças ora bruscas, ora mansas causando nuanças em todo o meu ser. Da semente plantada, mesmo pouco irrigada, com força brotava vontade de nascer. Mas você virou teu rosto, quando cheia clareou a minha face, tampouco não bastasse quase deixar-me morrer. Ó Lua! Quanta ingratidão da tua parte, mesmo minguante recusaste ter-me com você. Agora estou murchando, meus galhos secando, meu caule sangrando, todo tempo esperando você resplandecer. Ó Lua volte! Apareça e resplandeça sobre mim, fortaleça-me com a tua luz e não deixe que o meu tronco seja feito de cruz, um madeiro de cerne que traduz a vida e a morte assaz de quem tanto doou amor e não teve conforto e paz e agora jaz na solidão, antes tivesse sido então plantado junto aos ribeiros pois assim reverdeceria anos inteiros, nunca murcharia, meus galhos não secariam e meu caule não sangraria e além de tudo frutificaria. Ó Lua! Em quê te transformaste? Ficaste irreconhecível sem brilho acessível, do Céu Tu te afastaste. Agora te procuro em um monturo no Céu, na esperança que se rasgue o véu da vergonha por deixar-me ao léu sem forças e quase sem vida na sequidão, quem dera o meu coração encontrasse uma razão para bater de emoção ao vê-la nascer novamente meiga e resplandecente tal qual éramos nós quando ficávamos a sós contemplando um ao outro, você sempre demonstrando doçura por detrás de uma amargura salgado desgosto, por isso ocultou o seu rosto da verdade, pressuposto para leviandade, na escuridão se escondeu para matar um amor que por tempos não morreu, com raízes arraigadas nesse solo pouco fertilizado e sem nutrientes implorando por socorro pois seus renovos estavam doentes. Ó Lua onde estás agora? Torna-te feito outrora na fase da robustez, para que tudo que há em mim floresça outra vez sem extinguir sequer do teu olhar a nudez de um coração perene onde todo o amor verdadeiro se fez, por querê-la e amá-la tanto decidi guardá-la dentro do peito no canto onde move-se a paixão, onde encontrei a razão para suportar tanta emoção nessa vida de ilusão.

NA TEIA DA ARANHA

Macia, suave, aconchegante, muito empolgante, tudo isso enquanto dormia, mas quando me despertei descobri que estava na teia da aranha todo envolto de artimanha. Sem me desesperar pensei como faria para me soltar, sabendo eu que se fizesse muito esforço iria me esgotar, tendo que escapar antes mesmo que o aracnídeo viesse me sugar. Tudo sentido figurado, pois quando expressar a verdade compromete a felicidade tudo fica modificado e nos vemos enredados em demandas sem respaldos. Nos sentimos fracos por momentaneamente aceitarmos as teias nos envolucrar, mas lutamos para sobreviver, assim nos fortalecemos para nos soltar e novamente nos erguer, fugirmos da aranha e sua teia romper para alcançarmos a liberdade e sermos um novo ser na esperança de encontrarmos quem realmente seja fiel, que expresse a verdade e não seja cruel e não brinque com os sentimentos deixando um gosto de fel, mas que demonstre arrependimento e mostre um semblante compatível daqueles que vêem na culpa uma esperança plausível para se redimirem dos erros e da hipocrisia, que engodam o espírito e deixam a alma vazia sem expectativa de perdão mesmo sabendo que a mão que com todo carinho afaga tendo a chama que não se apaga do fogo consumidor que tem todo o amor para sucumbir toda a dor e tristeza e limpar o coração desviando-o da perdição com oferendas de perdão e verdadeiro galardão.

TESTEMUNHA, O BEIJA-FLOR

O Beija-flor beijou com tanto amor a flor do seu amor que sonhou que amou outro amor num dia acinzentado e noite sombria que deitei e dormi despojado de toda a agonia, venham, vejam e ouçam o que diz o vigia! Há prantos na Terra por sangue derramado! Há soluços, gritos, ranger de dentes por todos os lados. E eu nem um pouco assombrado, pois sei que a vida leva a morte lado a lado. Quando chegares ao frio do calabouço e teres a alma suspensa, e a prisão acolher sua carne de forma pretensa, e te restares um único suspiro por toda esperança, e lembrares que em ti imperou tamanha ganância, e volveres no espírito por toda pujança, e quebrares as cadeias da ignorância, e saíres livre de toda penúria, e lembrares que viu e ouviu o vigia naquele dia acinzentado e na noite sombria, abrirás os teus olhos quando raiar nova alva, abraçarás forte teu amor de encontro ao peito, e não verás o Beija-flor que se foi, para não contar-te o pleito, daquele sonho resoluto entrevero e suspeito, deixando-te um amargo e numa sequidão de estio, outrora fostes melhor o calabouço, suas cadeias e seu frio.

OLHOS PARA OLHOS

Eu te amo e te amarei para sempre, assim disse os meus olhos aos teus olhos.....Pela luz que alumia a alma entrando por eles, que são a janela. O amor chega assim tão sorrateiro e nos pega num simples olhar, num sorriso bobo. Ah! Esses teus olhos que tanto falam e revelam coisas ocultas a outros olhos, me deixam sempre de olhos bem fechados. Já tentei de tudo como entender o teu olhar, nem colírio, nem lentes de contato, óculos de grau nem pensar. O que os meus olhos lêem em você é difícil de explicar, mas resume-se tudo em um olhar quando os meus olhos dizem aos teus olhos para sempre vou te amar.

CAMINHOS

Há caminhos direitos e caminhos tortos, aqueles elevam a alma, estes desfiguram os rostos, envergonham o homem diante de quaisquer pressupostos. Roturam os ossos e deixam os joelhos trôpegos. Como ébrios são os que por estes entram. Vagueiam, tropeçam, caem, rastejam como vermes e morrem. Mortos na alma e no espirito. Sei que existem pessoas boas, estão por aí cansadas de serem traídas e enganadas pelo próximo, mas estão por aí. Sei que ainda existem pessoas fiéis que lutam para estabelecer a fidelidade em outrem, sofrem, relevam tantas coisas às vezes absurdas porque amam de verdade. Como explicar a injustiça com o ser humano bom? Por que o mal tantas vezes prevalece? Quisera eu esquecer tudo isso e voltar os pensamentos para o que é belo, louvável, amável, compassivo, piedoso, misericordioso, no que há vida, no que há paz, sem as coisas opressoras deste mundo. Onde haja Deus para que aniquile o mal enraizado nos corações.

O REFLEXO DA SOLIDÃO

Eu sofro sem um amor, me sinto tão só, puxa, como é difícil e triste a solidão. Na juventude me sentia forte e não dava atenção para essas coisas. Hoje depois de tantos anos acompanhado de uma esposa fiquei sozinho. Perdi o chão, desconcertei os meus passos, parece que caí num abismo sem fim. Meus olhos, minha mente buscam um novo amor, mas verdadeiro, a essa altura me sinto incapaz. Tudo muda, fica estranho, não estamos mais acostumados com a vida de conquistas, de namoros, passamos por um período de readaptação. Ficamos carentes de repente e lutamos para não nos entregar à primeira oferta de amor que aparece sem antes analisarmos minuciosamente. Mesmo assim corremos o risco e acabamos nos envolvendo, não fomos criados para sermos sozinhos, acreditamos que dará certo e investimos alto na esperança de resolvermos o principal que é o não ficar só. Depois vem a necessidade do preenchimento do vazio que outrora havia ficado, um coração em partículas, fragmentado, esperando por alguém que junte e condense suas partes. Podemos estar iludidos, todavia não queremos aceitar, pois o que parece ser, o que é apresentado aos nossos olhos é tão real e verdadeiro quanto ao que a nossa consciência sã e perfeita discerne que é hipocrisia e engano. Passamos a lutar por uma resposta, um simples testemunho que não seja igual tal qual o que é oferecido e mostrado aos nossos olhos. Do oculto para poucos, exceto a você que ignora certos episódios para seguir firme no propósito de amar de novo com fé na vontade que há a esperança de transformação nos indivíduos para serem honestos, leais, fiéis, respeitosos, transmissores e expressadores da verdade, e concessores de honra.

ENDUVIDADO

Eu não posso e nem sei dizer o que sinto realmente por você. Se rancor ou amor, se ternura ou amargura, se segurança ou falta dela, se confiança ou incerteza, se bondade ou retenção de bem, se fé ou incredulidade, se lágrimas ou risos, se conforto ou relento, se união ou divisão, se paz ou labuta, se descanso ou aflição de espírito, se prosperidade ou pedir esmola, se honra ou vergonha, se respeito ou afronta, se verdade ou faz de conta, se intensa luz ou densas trevas, se caminhos retos e águas tranquilas ou encruzilhadas, se suporto tudo ou não aguento mais nada.

AGONIA

Noites e dias de agonia, vagando na clausura pelo vazio da solidão, olhar frio e congelante de parar um coração.

Não sinto mais nada, não sinto mais nada! Ela traspassou minh'alma agonizante nos gumes de uma espada.

Acuada e relutante na afiada e penetrante lâmina dos tormentos sem risos e apenas prantos minh'alma anseia por desencantos.

Na luta fortuita, ó minh'alma labuta! Como és forte, serás mesmo a morte ou redimida sorte das agruras a vista?

Quebranta ela Senhor! Não a deixes prosperar nessa lida, pois saqueou o meu amor e ainda sem temor anda a tirar-me a vida.

FRAQUEZA

Querida pelo caminho estreito já não tem mais jeito de seguir andando, tá tão difícil de conter o vício que vai me minando.

Uma coisa louca que ávida a minha boca e inunda o coração, que acelera a mente, faz ranger os dentes, desejo e sedução.

Seu corpo suado em mim todo colado, seu sexo molhado, rubor, entorpecimento, respirar ofegante, sísmico movimento.

Contrações e explosões no epicentro te abalando por dentro, dilatando vasos, alongando músculos, e contorcendo ligamentos.

Após todo o evento, aí vem o tormento do caminho espaçoso, relaxando nossos corpos, moendo nossos ossos num amargo arrependimento.

IGNOTO AMOR

Nas fendas das tendas imagino oferendas de dilacerar meu coração. A minha vida, um amor sem pudor de engano e traição.

Que ri e que zomba e não se assombra pois não tem temor. Que criatura é essa que não se vexa com nenhum rumor, que mente e que finge como um falso pastor.

Que deita na cama e diz que te ama com todo valor. Que os pés se apressam e sem vacilar, não tropeçam.

Que revolve na lama se imunda e te chama sem fazer drama. Desnuda nas noites recebe os açoites nos becos de clausura, seriam tão apertados e desapropriados se houvesse candura.

Sempre volta pra casa escondendo as marcas e o odor que fica, por tantas aventuras que se explica e não justifica.

Que aos meus olhos ignoto é, nem por outras bocas há manifesto, desvendá-lo somente pela fé.

UMA CANÇÃO QUE FALE DE AMOR.

Quero escrever uma canção que fale de amor, mas não de um amor fingido, que seja um amor sincero e verdadeiro e que perdure pra vida inteira. Aquele amor que realmente se entrega e doa a vida pela pessoa amada, que esteja pronto para morrer e viver por ela. Um amor sem limites, sem fronteiras, sem murmúrios, sem ser pesado, que seja leve, suave e que more fielmente no coração e na alma. Um amor forte o bastante pra resistir às tempestades da vida, mas dócil quando estiver em plena calmaria. Um amor brando, intenso, imenso e que transforme qualquer momento de angústia e tristeza na mais plena certeza de que a vida sem amor seja tal qual uma flor quando as pétalas perdem a cor por secarem e cair e pelo vento se deixam levar de qualquer maneira, pra qualquer lugar, feito folha seca pelo ar sem saber onde vão parar.

Índice

Printed by Books on Demand GmbH, Norderstedt / Germany